AF276184

CRISANTEMOS PARA MÍ

CRISANTEMOS PARA MÍ

Ana Cristina Esteban

Valparaíso
EDICIONES

VALPARAÍSO POESÍA

Diseño de colección: Chari Nogales
www.charinogales.com @chari_nogales
Maquetación: Carlos Henson

Primera edición: enero de 2026

© De los poemas: Ana Cristina Esteban
© Imagen de portada: Candelaria Bosquet Boga

© Valparaíso Ediciones
 C/ Fray Leopoldo, 7 bajo, 18014 Granada
 www.valparaisoediciones.es

ISBN: 979-13-88007-27-9
Depósito Legal: GR 1907-2025

Impreso en España - Printed in Spain
Gráficas Gami

CRISANTEMOS PARA MÍ

EL LUTO

Hoy pongo de luto a mi niñez,
la he enterrado en un lugar plácido
y me he ido a un rincón de mi cuarto
a esconderme de toda la vida adulta.

He empezado a llorar
y he seguido hasta que se hizo de día.

No entiendo por qué ahora todos me odian,
porque el pasado es una fantasma
decidido a atormentarme hasta arruinarme,
porque la vida es una pesadilla
en la que no me creo merecedora de observar.

No entiendo en qué momento crecí
y dejé atrás mis muñecas,
no entiendo en qué momento
dejé de ser una infancia a una adolescencia
y de una adolescencia a un limbo
entre la niñez y la adultez.

Hoy pongo de luto
a los recuerdos de mi pasado.

FIEBRE DEL PASADO

La fiebre del pasado
me hace querer llorar sin desconsuelo
porque mi niñez me soltó la mano
y yo no pude retenerla como le prometí.

Porque me distraje en nuevas vidas
que a ella no le interesaban como a mí,
porque no reconocía los lugares
que ahora frecuentábamos,
las caras que acostumbraba a ver a diario
hace tiempo que no las visitamos.

Porque ya no buscaba la diversión
con la que ella solía reír frenética,
porque sus costumbres
ya no son las mías y se desesperaba
y lloraba ansiosa por tenerlas,
y me soltó la mano
para salir corriendo a su casa
porque la mía ya no la sentía suya.

Y a mí
me dejó llorando
y llamándola desesperada
para que volviera a mí,

porque dejarla marchar
significaría que ya no soy ella.

DIENTES DE LECHE

Soy alguien
que nunca aprendió a crecer,
soy alguien que se olvida
del paso del tiempo
y soy alguien no consciente
de que los años pasaron
hacia delante y no hacia atrás.

Soy alguien a quien le están
saliendo las muelas del juicio
y mi dentadura no se acostumbra,
soy alguien
que no se acostumbra a los cambios.

Soy alguien
que no acepta los cambios,
me aferro a los dientes de leche
como me aferro al recuerdo de la niñez.

Puede que no asimile
cómo el tiempo camina tan rápido
mientras el paisaje se mueve lento.

Y yo solo soy alguien
que piensa que la luna aún nos persigue.

SABOR A OLVIDO

Fui encaminada hasta mis inicios,
los recuerdos,
tintados de nostalgia,
hicieron todo el trabajo,
como si los años no hubieran pasado
y tuviera ante mí lo que extrañaba,
y no cientos de espejos rotos,
donde la memoria no se encontraba
y sus ojos parecían ajenos.

Y viene la pena a golpearme fuerte
cuando me paro
y momentos de la vida pasada
vienen a acariciar mi mejilla con delicadeza
para recordarme que ya pasaron por completo,
que de ellos solo queda un triste rastro,
que a sabiendas de lo que traen,
siempre los voy persiguiendo.

Lo que pudo quedar de lo pasado,
ahí permanece, inerte,
al borde del deceso,
ligero en los recuerdos
y con sabor a olvido.

EL DIFÍCIL MOMENTO DE PLANTEARTE
TU LUGAR EN EL MUNDO

Traté de buscar mi lugar en el mundo
una mañana mientras caminaba por la acera.

Me busqué en otros,
en los ecos de canciones y poemas,
en las palabras que no me pertenecen.

Busqué en vano,
me perdí buscando mi ser,
nadie retrataría en ojos extraños
las voces que lo conforman.

Seré eso,
recortes de palabras de ajenas
que forman y moldean
según quién me preste su palabra,
un ser constante en cambio.

La autenticidad es propia de vivos
que creen inventar su propia extinción.

El resto renaceremos en los ojos ajenos,
quien nos forma también nos enseña
a sobrevivir en la soledad de la ausencia,

cambiamos y revivimos,
pero ¿cuál de mis palabras
reescribirá la voz de mi ser?

Cada quien, con sus esperanzas,
cava sus propias luchas,
y cada quién decide perderse solo
pues su lucha siente que no es suya,
y yo me erijo en esa voz como la mía.

Desde el vientre de mi madre perdí,
nací con los puños bien apretados
y sin propósito alguno en esta vida.
Nací enfadada conmigo misma,
temerosa del mañana y su quizás.

Con cada año de experiencia,
con cada nuevo molde,
forjé en los fuegos del llanto
el siempre miedo de la juventud:
crecer, llegar al mundo y desvanecerse.

Me he recreado en cada mosaico,
en cada rostro conocido quise forjarme,
la inocencia me daba la mano
y mi corazón latía por encajar con el resto.

Y en su momento me paré,
me paré en medio de la acera y observé.
Observé cada cara, cada losa y cada nube.
¿En qué quería encajar?

El aire despertó mis miedos,
las ansias de pertenecer al mundo
se ahogan ahora en la lluvia del momento
mientras yo me quedo quieta,
esperando lo mío.

Estoy parada en la acera.
No sé quién soy hoy.
No se quién seré
ayer, hoy y mañana.

LENGUAJE DEL SER

Lo que fui se asoma entre lo que soy
pero lo que he sido fulmina los reflejos
de los escaparates por los que he pasado
corriendo, huyendo, escapando de las ruinas
de todo lo que ha pasado por mi existencia.

Lo que he sido es zafio y débil
pero lo que soy también es débil e ingenuo
como lo que fui es ingenuo y bullicioso
y lo que seré es cosa de ignorantes.

Y es que lo que he sido es eco
de lo que fui y hoy soy lo que soy
porque he sido pasado, futuro y presente
todo en un mismo sueño que una vez tuve
y dije:

«Sí, aquí me creo yo, aquí me forjo yo,
aquí hago de mi entidad una cara para el mundo,
aquí me crezco, aquí me apago y aquí cambio
ante las situaciones adversas que tengo
y como cobarde voy a huir porque nos conocemos.
Sí, aquí lo que he sido será lo mío
y lo que soy es mañana lo que pude ser
pero no soy ahora porque soy otra entidad
que se forjó con las adversidades del destino.»

Y así seré, soy, fui y he sido,
aunque no tenga idea del habla mía.

RAÍCES

Has vuelto a ser lo que eras,
pues mucho fingir no cura
la realidad a la que perteneces.

Has vuelto a ser lo que eras
como vuelven las aves en primavera
buscando un calor al que hacerse.

Has vuelto a ser lo que eras,
porque siempre regresas a tu sangre,
aunque intentes morir en otras pieles.

Has vuelto a ser lo que eras
ante la incertidumbre de no ser lo esperado
por quien crees que te observa.

Has vuelto a ser lo que eras
para sentir la pizca de energía
que se reproducía en tu interior.

Has vuelto a ser lo que eras y eso te desalienta.

FUI, SOY, SERÉ

¿Será la sombra un mero paso?
¿Una era con remordimiento?

¿Soy la paz
entre lo adverso y la locura
más insignificante que tus queridos
podrán llegar observar con tal delicadeza
como la que pasas de mí?

¿Soy la más esperada, la más añorada?
Soy, seré y fui una más que está aquí parada.

EL CANTO DEL DESIERTO

Dadme arrullo,
dadme tranquilidad,
que mi pena se ahoga
de no estar malherida.

Le falta aliento y levedad
a la puerta que me abre sendas y oquedades,
donde quebrada tengo la vista
y ahogada tenemos la tierra.

Dejadme rota,
quieta entre la piedad y la desesperación
en un lugar ya marchito y podrido.

Todo lo bien dado,
brilla por la belleza del desierto.

Dadme el trauma, la desgracia y el viento.

Dejadme la paz en la esquina,
en el paseo del paisaje marchito
que no es sino el odio que nos abraza
en el sendero que teje nudos
en nuestros estómagos
y que es lejano, sombrío y perdido.

Dadme valentía para andar por allí,
donde proseguir es un paso hacia el abismo
y la alegría un fugaz deseo
celebrado por la nostalgia del camino.

Cruzo el desierto,
atravieso los paisajes ya marchitos,
encuentro el ansia de querer libre.

Dadme arrullo,
dadme paz,
que ni siquiera puedo respirar.

TODOS LOS DÍAS

Todas las madrugadas
atrapo mis sentimientos,
como mariposas que nunca deben volar libres,
todas las madrugadas
soy ausencia de emociones
si tantease mi corazón en mis venas.

Todas las mañanas
tomo mi pulso
soñando con un relámpago
sacudiendo mi sangre,
todas las mañanas
sueño con el mismo escenario.

Todas las tardes
camino por el filo de una espada,
todos los atardeceres,
sé que perderé miles de palabras.

Todas las noches
la nostalgia atrapa mis pesadillas
después, el olvido es el protagonista
y los miedos y la inseguridad
se cuelan en el destino
y rompen en pedazos las ilusiones.

Todas las madrugadas
dudo de mi memoria,
me muerden en el costado los recuerdos felices,
las pocas veces que los dejé abrazarme
me atormentan todas las mañanas
cuando mis ojos abren paso a sus luces.

Todas las tardes
me arrodillo a las faldas de la soledad
y me hago diminuta.
Todos los atardeceres
me escondo en las miserias
y el viento de mis penas
acunan las lágrimas abandonadas
por los tiempos
donde sentí la vida en mis carnes.

Cada día de mi vida la he esperado,
cada día de mi vida la he llorado,
cada día de mi vida he vivido con su ausencia.

Todos los días es una muerte,
todos los días es una resurrección,
todos los días me pierdo en la memoria,
todos los días me encuentro sin camino,
todos los recuerdos
me salvan de su tristeza,
como si en el horizonte
el mañana no existiera.

CUESTIÓN DE LLUVIA

El olor a tierra mojada
me transporta a la niñez
de la escasa lluvia,
a la chimenea del hogar repentino,
a los cuchicheos de los adultos,
a la tristeza de la memoria envejecida.

Muchas veces
me apoyo en mi ventana
a ver la lluvia caer
con fuerza y escándalo,
como si así todos los secretos
del paisaje se me fuesen a revelar.

Cuestiono a dónde llevan los caminos,
por dónde se esconde el sol tras las nubes
y dónde quedaron las risas de la infancia.

PASAJE DEL MIEDO

Siempre he tenido un miedo
que ha amenazado mi estabilidad,
como todos a suponer me debo.

A mi miedo no hay nada
que especial
le haga entre los demás.

Es pequeño
pero a mí me parece enorme,
tan gigante que me asusta
y hace tambalear mis días.

Entró a mi vida como muerte visitante,
como quien pasa cerca de la orilla del mar
y desea andar
hasta que el agua le cubra entero.

A mi miedo no lo sabría catalogar
entre muchas de las preocupaciones,
desear definirlo es como si las palabras
su significado perdiesen.

Hace bastante tiempo ya que acoge
el pecho bajo

todos los temores de su abanico,
entre todos ellos
siempre hay uno indicado
que me haga andar
hacia las rocas cercanas al mar,
como un impulso al saltar
que se atraganta con el pequeño llanto
que muere al tocar el agua.

CENIZAS DEL OLVIDO

Avanza el tiempo,
pero no me toca,
no juega conmigo su sombra
y callada tengo la mirada.

Me ha abandonado la energía
y un vacío consume mi cuerpo,
quieta estoy ante el mundo
y no me inmuto ante su desprecio.

Arde el deseo
de abandonar lo que conozco,
y quedarme en el fuego
para ser cenizas del olvido
para ahogarme en la nada
que me consume esta madrugada.

TIERRA MOJADA

Tierra mojada,
¿qué es lo que tramas?
¿Por qué me transportas a tierras lejanas
y traes de vuelta todas esas noches
que no ocurrieron?
Todos los seres que no conocí,
todos los tiempos que no fueron míos,
todas las emociones que me faltaron.

Porque lo traes aquí con cuidado,
porque haces del pasado un tesoro
y de mí una pirata descuidada
aun cuando nada de ellos me perteneció.

¿Por qué tocas mi añoranza
para disfrazarla de lo que pudo ser
si de los míos solo quedan estos recuerdos?

Dime, tierra mojada,
por qué tuviste que ser regada.

EL EXILIO DE LA ALEGRÍA

En el silencio
desaparece el eco de mi sangre,
se convierten en sombra
todos los miedos que creí.

En la soledad
danza la herida de mis problemas,
devoran mi piel a tiras
cuando susurraba florecer en la alegría.

En el abismo
el viento eleva las penas,
se lleva al exilio el corazón
que en el dolor se rompió.

En el vacío
se encuentra la melancolía
y en cenizas quedan ya
los restos de una agonía.

TIERRA MUERTA

¿Puedo agarrarme a tu brazo,
tierra muerta?

¿Puedes hacerme un caparazón?
¿Puedes hacerme desaparecer?
¿Puedes quitarme la alegría?
¿Puedes tragarme junto a ti?
¿Puedes hacer crecer flor en mis huesos?

Podrías, si te lo pidiera más tranquila,
convertir mi vista en barro
y que mis palabras sean lodo.
Así mi cuerpo sería arcilla
y sería más fácil romperme.

EL JUEGO DEL ANHELO

Tiraría una piedra en el río,
pero no hay ría cerca de mi,
pintaría cómo rebota en el agua,
pero ese arte no es cosa mía.

Soy más de jugar a disparar
a todas aquellas libertades que prometí.
Finjo que son diamantes
y que así es más difícil romperlas,
pero acaban cayendo sin cuidado
al fondo del río seco de mi mejilla.

Ya no quedan ganas para sostenerme de pie,
si me siento a la sombra de este árbol,
¿recobraré el anhelo por descubrirme?

EL ABISMO DE LA MEMORIA

He despertado
en el abismo de la memoria,
donde mi pasado y mi presente
son vestidos de una capa
que no consigo reconocer.

Camino entre sus nieblas,
intentando distinguir su rostro
pero si me acerco demasiado,
desaparecen como un rostro ante el espejo.

Yo no quiero estar
en una piel que no recuerdo,
en una memoria
que no ubica su momento,
una historia
que no se conoce a sí misma,
en una triste cara
que no se identifica triste.

Voy a sumergirme en los recovecos
de lo que se me escapó,
quiero reconocer que ya no existen.

Y quizás, pueda despertar
en un futuro que reconozca
todas las versionas de mí.

PRETENDER

No puedo pretender seguir fingiendo
que la vida continúa
entre tanto yo me desangro
mientras ando por el arcén sin cuidado.

No puedo pretender ser,
si apenas me levanto por la mañana
y me olvido de mi nombre
y de cómo me inventé esa noche.

ESPEJOS

Mi casa está llena de espejos
y yo los evito
como evitan las verdades
construirse en los cuerpos propios
que los espejos señalan y ubican
cuando paseas en la tranquilidad
de una casa vacía y en silencio.

UN NOMBRE

Tengo un nombre
como tengo una cara y un cuerpo.
Tengo, supuestamente, una vida.

Respondo por mi nombre.
Lo repito en voz alta.
Me creo que es mío.
Me creo que existe.

Yo ya no creo que tenga
una conciencia que hable
en mi nombre,
yo ya solo creo que existo sin más,
como quien tiene una vida y una cara.
como quien no tiene nada que aportar.

AL OTRO LADO

Quiero desaparecer
en la imagen que no recuerdo
pero me sonríe complacida
al otro lado del espejo.

Horas varias
llevan nuestras miradas conectadas,
reconozco su cara y su cuerpo,
he intentado llamarla
pero me he olvidado de su nombre.

Quiero desaparecer
en este reflejo que no es mío,
porque lo mío no se siente vivo.

Al otro lado del espejo,
ella me llama,
y en sus ojos veo lo que me falta,
conocerme cuando tropiezo.

CUERPO EXILIADO

Siento mi cuerpo como si fuera ajeno,
siento como si mi piel se deshiciera
ante las hogueras de las plazas
en las que arden todos los libros
y que el dolor otorga al suelo desvanecido
del que brota un llanto como plantas
recién nacidas ante el sol.

Siento todo como si el mundo se moviese
desde la pureza de alguien
que es desterrado de sus sentidos
que me busca y que no me halla
y que no me encuentra en mí propia identidad.

CORAZÓN QUE LATE

Oye,
que escucho mi corazón latir.
Lo escucho cuando voy a dormir,
traspasa las sábanas
y se cuela en mis oídos.

Oye,
que me asusta mi corazón latiendo.

Es esto verdad,
¿es esto el estar vivo?

LAS GANAS

Matar las ganas
de querer encontrar un sentido
para todo lo que sucede en mis paredes.

Matar las ganas
de querer tratar de corregir
los días grises en los que me han cerrado.

Matar las ganas
de trocear en pequeños fragmentos
todo lo que una vez creé.

Matar las ganas
de respirar el aire limpio fuera de todo
el mundo tóxico que hay en mi mente.

Matar las ganas,
pero matarlas bien
y rendirme en una lucha
que no me pertenece,
entregarme a la rabia y olvidarme.

Quizás mañana puedo ser yo de nuevo.

HAY UN HUECO

Hay un hueco en mi pecho,
antes lo habitaba el corazón.

Hay un hueco por donde pasa la pena
y a veces crecen flores ya muertas.

Hay veces que la carne se reconstruye,
como un tiempo inocente encontrándose
con unas alborotadas mariposas
que duran lo mismo que dura una alegría
que duran lo mismo que un rio invisible.

En el hueco crecen telarañas
como almas desoladas crecen en los sauces
como sueños pesados y hambre delicada.

Hay un hueco en mi pecho
donde antes había emociones.

UN CUERPO DESALOJADO

He construido
un cuerpo desalojado
en el que pueda habitar
para protegerme de todos
los descuidos y rechazos
de los intentos de mostrarme.

Si actúo por el desinterés
cuando las palabras salen a escena
narrando cómo tiemblan las entrañas
por la culpa de borrachas mariposas
el golpe no se hará doler tanto.

SER DE VALOR

Soy un sitio
entre el corazón y los ojos
dejado en la intemperie
con todo lo que fue suyo
y que se aleja como tierra
que cubre el desierto desesperada
ya que existir entre la razón
la pasión y la identidad
golpea la importancia de conocer
que el otoño que rodea
solo muestra interés
cuando eres de valor.

ERRORES MIGRATORIOS

Yo he pisado antes las mismas piedras
por las que ahora camino,
y si me agacho puedo ver la marca
de cada una de mis caídas,
como si la roca fuera piel señalada
de todas las heridas causadas
por todos los errores que he cometido
y volveré a cometer en el tiempo
que como ave emigrada retorna
al espacio que una vez ya habitó,
porque una vez te vas
sientes la necesidad de andar
por los mismos sucesos que ya has vivido
para sentir que posees mejores saberes
y que mejoraste como persona
y que no volverás a repetir caídas,
y en el fondo solo mejoró el entorno
por el que vuelves a errar y caer
como siempre acostumbra el camino.

EL MÁS ENTREGADO DE LOS SILENCIOS

Que yo sé que a nadie le importa
como a mí me importa la fragilidad
con la que el viento mece el pelo desmarañado.

Y yo sé que a nadie le importa
como a mí me importa lo mío
pues lo mío solo mío quedar debería.

Pero, qué bien sentaría de vez en cuando,
que alguien abrazase en las malas rachas,
aunque lo mío no le importarse.

Y que sé que cada uno con lo suyo propio
ya tiene bastante carga como para cargarse
con lo del resto que le rodea;
pues lo propio siempre duele
pero cómo cansa vivir para el resto.

Y yo sé, que lo sé muy bien,
que lo que a mí me importa a nadie
le importa igual, pues lo propio y ajeno
son dos asteroides que caminan juntos
pero nunca se estrellan y se conectan
en el mismo interés que los ve pasar.

Pero, qué bien sentaría si,
muy de vez en cuando, nos juntásemos
en el más entregado de los silencios
con el abrazo, con la compañía
que ahora me falta.

LAS MANOS SANGRANTES

Me he diseccionado en las almas de otros.
Me he equivocado de bando miles de veces.
Soy el desconocimiento en persona.

Nos distraemos en compañía,
y me distraigo a solas.

Yo me he dejado vencer por el odio,
luego el llanto
y luego la indiferencia.

Un día cruzó mi puerta la apatía
y la seguí hasta la desesperación.
Me dejé cargar en manos equivocadas,
me dejé ir en miradas que no encajaban.

He desgastado cada palabra
con la que me he cruzado.
He llegado a desgastarme a mí.

Luego llegaron los pensamientos,
los augurios y los viejos miedos.
Luego, me postré en mi agonía.

Repasé cada equivocación,
charlé un rato con la muerte
y acabé por abrazar el mundo de los sueños.

Acepto un mundo que no me pertenece.

Me he desmenuzado en las almas de otros,
pero mis manos son las que están manchadas de rojo.

ME ACUERDO

Me acuerdo
de las malas súplicas
que tiraban piedras a mi ventana
para pedirme con misericordia
que cambiase mi actitud
o traería la ruina a esta casa.

Me acuerdo
de cómo me tiraban al suelo
sin siquiera tocarme,
me quitaban el aire de los pulmones
y me gritaban que los volvería locos
si mis malas acciones no cesaban.

Me acuerdo
de las paredes golpeadas
cuando me veían tendida en la cama
y de cómo rezaban con fuerza
que la vergüenza suya era hecha
por la nula esencia que me rodeaba.

Me acuerdo
del vacío que existía en mi cabeza,
de cómo les arruinaba el día mi voz,
de cómo se convertían en las víctimas

de palabras que ellos mismos decían,
pero yo no hacía nada, no sabía nada,
solo me fijaba en el techo y en el suelo,
veía el tiempo muerto pasar desesperada,
y no hacía nada.

Me acuerdo
de que les dejaba pasar a abrazarme
y cómo solo quería llorar hasta ahogarme.

AUGURIO

He llorado como nunca
y me he quedado sin aire.

He querido hundirme en la tierra
y que todo a mi alrededor se desvaneciese.

Lo que vendrá un día,
lo que será el presente,
lo que se irá en un instante,
todo estará ahí igual que están ahora,
¿sabré estar yo
en el porvenir que me aterra?

LLUVIA QUE ACOMPAÑA

Me han sofocado el lagrimal
en la pesadumbre mañanera
y el triste cielo ha decidido
acompañar con su llovizna propia
los chubascos que mojan la sonrisa,
que sencillo sería reconocer
que la conciencia anoche decidió rendirse
y no hay valor en una lucha no conocida
entre una vida y su propósito.

HAY UN PÁJARO ESPERANDO

Hay un pájaro en mi ventana,
vuela contra el cristal,
siempre se golpea, no se rinde.

Hay un pájaro en mi ventana,
me visita todos los días,
cuando me acuesto, cuando me levanto,
ahí lo encuentras, acechando.

Hay un pájaro en mi ventana,
me acompaña desde la distancia,
nunca le dejo entrar porque sé que irá.

Hay un pájaro en mi ventana,
me recuerda a la muerte
esperando el momento perfecto,
esperando el momento inesperado.

TRAYECTORIA

Dos cuerpos que no conozco
tiran del mío entumecido,
me agarran por los hombros
y voy arrastras por el suelo.

Mi ropa, de tanto rozarse
con el asfalto de la carretera,
ha empezado a borrarse
de su contacto con la piel
que ya empieza a desprenderse de mí.

No sé a dónde voy.
Llevo los ojos vendados por voluntad,
mi voz ha abandonado el cuerpo
y mis oídos se quedaron en otro lugar.

La trayectoria parece una eternidad,
aquí vamos y allí no llegamos.

Dos cuerpos que no conozco
tiran el mío a su suerte.

LA DESPEDIDA COLGANDO

Con la sonrisa colgando,
con un pie en un abismo,
con las alas rotas,
con una memoria perdida,
no me dejes aquí.

Con las ajugas del reloj pasando,
con una pérdida en las madrugadas,
con unas flores hechas pedazos,
con un abrazo de saber amargo,
no me dejes aquí.

No me dejes aquí,
con una despedida con los ojos vendados
y la vida colgando.

ABRAZO DE LOS VIVOS

En el camino de los sueños
intento dormir avecinando el fracaso.
El miedo entra por la ventana cerrada,
se cuela entre las sábanas
y abraza durante la noche a la somnolencia.

Sé que si cierro los ojos
allí encontraré a la muerte
como una sonrisa macabra
que sujeta en sus manos
los escombros de los seres que fui.

Sé que si abro los ojos
no volveré a ver nada.

Inhala, exhala,
los párpados pesan,
los huesos de las manos se relajan
si visualizo un pasto verde
para así no pensar
en que los miedos puedan pasar.

Y es que
los muertos no asustan
cuando los vivos callan.

LA CADENA

Mis párpados están
saliendo con mis ojos,
no quieren separarse.

Mi cuerpo es un vaso
completo de lágrimas,
no quiere vaciarse.

Mi interior grita
en un llanto de silencio,
no quiere entorpecerse.

Las ojeras negras
van advirtiendo que algo falla,
pero, ¿no quieren advertirse?

¡Ay, sonrisa olvidada!
Apresúrate esta mañana de rabia.

Me consume el tiempo
y caigo en una oscuridad
y despierto ante el mar
que se llena de risas lejanas,
¡esperadme! Que ya voy,
esperadme, esperadme...

Ya que se fueron las risas,
sola estoy ante la noche.

Por la oscuridad va haciéndose paso
y me sacude con firmeza la realidad,
hoy no es el sueño el que valga la pena.

El vacío es una cadena
anclada en el parque de nadie.
¡Ay, recuerdos! Iros bien lejos.
¡Ay, pesado sueño! Libérame.

¡Ay, ojeras! Quitad vuestra sonrisa.
¡Ay, sonrisa! Quita al llanto.
¡Ay, llanto! Me has dejado olvidada.

El vacío es una cadena.
¡Ay! ¡Quién pudiera librarse!

ELEGANCIA DE LA MUERTE

Ay, qué elegancia la de la muerte
que viene, se regodea y se desvanece
en lo que dura el mecer del viento.

Ay, ¡qué poco vale la pena
permanecer donde no te quieren!
Ay, ¡que frágil es el dolor del alma
cuando pierde sus ilusiones!
Ay, ¡qué duro es levantarse
teniendo el cuerpo abandonado!
Ay, ¡qué fugaz fue la infancia
y qué doloroso perseguir su rastro!
Ay, ¡qué tranquila sería la vida
sin el tormento constante
de la muerte y su existencia!

EL DOLOR, LA PENA Y LA MUERTE

Tenía esperanzas de sobrevivir
cuando ellas me encontraron
escondida debajo de la mesa del café.

 Al principio no les reconocí,
luego mostraron sus intenciones
y fue absorbida por los recuerdos.

La pena era mi amiga,
era mi madre y mi abuela
me acompañaba en los ratos
que el miedo faltaba
y se adentraba en mi cabeza
para pronunciar que no era digna
de estar respirando el mismo aire que el resto.

El dolor era un silencio
del que no había escuchado hablar
hasta que me tragué una aguja
y se me quedó atascada en la garganta.

Luego, se juntaron,
planificaron mi futuro,
ataron sus prejuicios a mí,

y me prohibieron jugar a expresarme
para condenarnos a su servidumbre.

La muerte era una tiritera
que venía de vez en cuando al pueblo,
la veía de lejos manejar las vidas a su parecer,
a veces me miraba con ganas.

Un día intenté desobedecer su servicio
y me encontré en un mundo
en el que nadie desobedecía.

Angustiada fui en busca de ayuda,
pero solo se burlaron de mi condena.
Entonces, cogí mi maleta hueca,
y esperé a que lloviera para refugiarme
del dolor, la pena, la muerte.

LA LLAMADA DEL VIENTO

Cuando el viento habla
la muerte te llama,
¿No lo escuchas?

Es un silbido tranquilo,
una nostalgia que acaricia la piel
y te hace querer esconderte.

Cuando el mar suena
es que estás perdido,
tu melancolía se ahogará
en las profundidades del mar
y solo serás el vacío
que llama a la muerte
para sentirse necesitado.

GOTAS DE SAL

Sal, niebla y paz,
quien desease la muerte
vendría a este mar a morir
al igual que viene el horizonte
a desaparecer del ojo conocido.

Sal, niebla y paz,
arena derretida que borra las huellas
del pasado, presente y futuro,
ideal para dejar de pesar
entre tanta ambigüedad.

LLEVADME AL MAR

Palomas de la supuesta libertad,
levantad mis piernas muertas
y tiradme al mar.

En·el atardecer de la muerte,
en el atardecer de la vida,
escupir limones ácidos a mis ojos
y destrozar todo aquello que vi.

Mirad mis sueños en la orilla destrozados
a picotazos por las gaviotas.
Mirad cómo de lo mío
no queda nada porque las olas
lo arrastraron todo por la superficie
hasta que se rompieron en pedazos.

Dejadme en el mar,
dejadme tirada en la orilla.

Llevarme al océano,
dejadme morir fuera de mi hogar.

CATACUMBAS

Había una carta plegada
tirada en la arena,
me agaché a recogerla
porque la curiosidad
una vez me aconsejó
no dejarla nunca en duda,
pero en un descuido
tropecé con los fantasmas
y me llevaron tan lejos
que no conseguía ver el mar.

Envolvieron mis ojos fisgones
tras una delicada seda,
y me guiaron hasta propia tumba.

Intenté mirar más allá,
atravesar su esqueleto
y encontrar el lugar de su trampa,
descubrir a la muerte mirándome
y agarrar el pliegue de la tela con miedo.

Aproveché su descuido,
corrí por la galería de estas catacumbas
y no encontré la salida.

Me rendí y caí al suelo,
agotada cerré los ojos
deseando despertarme de la pesadilla.

Alguien abre mi mano derecha,
coloca una pequeña semilla
y yo abro los ojos curiosa.

Veo el mar.

LA CALA

Ir a la cala
cuando el.mundo se sienta frágil,
sentir cómo el mar
se vuelve oscuro hasta ser vino
y emborracharse en su pena,
ver las olas romper contra mil vidas,
que ilusas como yo
pensaban en la tranquilidad del agua
y no en la furia de sus tempestades,
mojarse los pies sin tocar la memoria
de lo que una vez despreciaba,
lavarse las manos de la suciedad
de mis propios pensamientos,
aguantarse las ganas de llorar,
marcharse como si pudiera olvidar
que el fin es parte del oleaje.

NOCHE TIERNA

De la vida somos rendidos,
nacemos para aprender
y aprendemos para morir.

Gritos de augurio en esta tempestad.
La noche cruel es eterna
y tierna como ella sola.

Vida es esta.
Vida es la importante.
Vida es de quien la cuenta.

AL AMANECER

He muerto en vida,
no sé cuántas veces todo gira,
dejadme acostada en mi ventana
pues he muerto en vida y no podéis con mi alma.

Despertadme al amanecer,
como si yo fuera a responder.

ELEGÍA AL OLVIDO

Habitas en el eco de una herida
como habita el olvido
en el fondo de una memoria.

Pues duele quien desea,
desea quien lucha,
lucha quien muere
y mueres como alma cualquiera.

Porque besarás la tierra,
alma encandilada,
besarás el mar, sueño sin control,
al fin y al cabo
todos suspenden su aliento
aun cuando corres
como alma cegada.

TENÍA QUE LLOVER

Una vida entera
viviendo con la memoria
tendida al sol,
sin una nube tentada a llevársela.

Cuando la vida acaba
el sol ya no le brilla.

Claro que tenía que llover,
había que regar los recuerdos sembrados
antes de que la muerte se los llevase.

VIENTRE DE LUCIÉRNAGA

Me quitaría la piel por el dolor
que siento por esta incertidumbre
que he apresado a mi cuerpo
como las luciérnagas apresan la luz
en sus vientres para lucirla en la noche
yo quiero apresar el dolor para lucirlo
cuando nadie me encuentra vagando
por mi cabeza sin un aliento que suscite
con las ganas hablar de sus calladas pisadas
cuando juro acompañar al acto más humano:
yacer.

QUEDARME QUIETA

Cuando cruzo la carretera
me corrompe el miedo.
¿Y si me quedase quieta?

La vida tiene que seguir,
no puede detenerse ante nada.
Ahí me trae la tristeza
por la locura y sus caminos.

Y si me quedase quieta,
¿todo no podría pararse
un corto periodo de segundo?

Quisiera disfrutar del momento,
saborear el preciso instante
en el que por fin seré mi protagonista.

Sonrisa victoriosa.
Si yo quiero, mi mundo
puede esquivar al tiempo
una relativa realidad.

Puedo ganarme la partida,
sí tan solo....
Si tan solo me plantase allí
y no me moviese como el viento,

si echara raíces a la carretera
podría hacer de mí una vida.

No comparto mis opiniones,
aguardan tras la ventana su oportunidad
de ser hojas al vuelo una mañana.

Me corrompe el miedo,
cosquillea por la nuca
como quien sopla sus inseguridades.

Ay, soñar a la muerte
no es buena terapia para la mente,
¡allí te veo siempre que puedo!

Estar bien, cuentos de las sociedades,
¿quién puede con la atención
que acarrea la ignorancia conjunta?

Asustan los pensamientos
como el suspense en la música de terror
cuando el silencio secuestra las emociones.
En esa tensión
se respira toda la existencia
que ahoga las risas y otros factores.

¿Qué es lo que te asusta
cuando la ventana ante ti se abre?
Salta si no temes el suelo al final.

¡Hipocresía, la confianza!
¡No hay noche sin que alguien llore!
Mira dónde estamos
y mira si al día siguiente volveremos.

No estoy lo suficientemente rota
para que alguien se apiade
de los pasos cortos y pesados.

¿Quién quiere pedir ayuda
cuando todos se encuentran
hechos añicos en sus pedazos?

Por ahí viene el destino,
se ve desde lejos en la carretera,
si tan solo…

Camino. Sigo con lo mío.
Cruzo con cuidado la calzada.

¿Quedarme quieta?
Nunca voy a poder quedarme quieta.

JARDÍN DE LA ESPERANZA

Tenía una tierra abandonada
donde una vez quise trenzar flores
en las esperanzas de una vida
sepultada en abandonos y olvidos.

Pero a mí nunca
me gustaron las flores,
desde su inicio fueron condenadas
a morir tras un vacío de lágrimas
que pudieran hacerlas florecer.

Mi visita era la ausencia
y sus raíces, recuerdos prometidos a abrazarme
que pronto fueron envenenados por el cauce
de una pena chiquitina que abrigaba
a las esperanzas de sobrevivir a sus flores.

Tenía un jardín muerto
donde quise enterrar todas las ilusiones,
pero acabaron descansando mis restos
rodeados de cálidos crisantemos
que mi propia humanidad rescató de la desgracia
cuando a las lágrimas se les olvidó
regar todo lo que una vez quise ser.

CUANDO MUERA, ABRIDME LOS OJOS

Por este camino,
por esta senda,
dejad mi cuerpo tras la muerte,
abridme los ojos cuando muera.

Hoy,
que la desgracia es continua,
¿quién idealiza los sueños
si no es para vivirlos
detrás de un escudo?

Por la calzada de esta senda
corre el cansancio imitándome,
trota a galope sus gritos,
su risa se esconde detrás de los versos,
su futuro, el mío, incierto.

Apagad la vida, no queda nada.
Yo, artífice de mi propio mundo,
olvidada entre el espacio, el tiempo y la memoria,
y que mis mentiras son agonía
de los olvidos del pasado presente.

Con la peor vestimenta posible,
luciendo como una pesadilla de mi infancia,
arrima a mi vida la muerte.

Abridme los ojos tras ella,
que nunca sea suficiente su pesar en mí,
dejadme ganar, aunque sea ese juego.

EL ABRAZO DE LA MUERTE

El día que la muerte me visite,
le daré un abrazo
como nunca me abrazaron a mí.

Lloraré en su hombro,
y luego miraré mi reflejo, diré:
«tan deshonesta como la luna,
tan deshonesta como una sonrisa.
Ve, mírate, no hay ser,
solo hay un espejismo,
un teatro sin vida,
un alma sin carácter,
un texto sin mensaje.»

El día que la muerte me visite
nadie llegará al llanto,
nadie avistará pena en el horizonte,
nadie recuerda una historia
mal contada, mal escrita.

Abrazaré mi cuerpo vacío, y quizás llore
porque todo está tan tranquilo
como nunca supe acostumbrarme.

El día que la muerte me visite,
un día normal, sin nada especial,
nadie extrañará a nadie
pues extrañar es demasiado personal
para que la vida te lo arrebate.

Bien,
en mi lecho de muerte pondrá:
«Nació, escribió,
pasó sin pena ni gloria,
fue un espejismo, murió.»

Y nadie pondrá en duda
un texto inacabado
que contará una historia más.

Me despido,
tengo claro mi adiós,
sin llanto, sin sonrisa,
con la cara más simple,
me voy
como se van las sombras
cuando la habitación se ilumina.

ÍNDICE